ༀ་མ་ཎི་པདྨེ་ཧཱུྃ༔

了夢

日輪金剛　上師／著

自序開場詩

一心純靜淨

普照佛光明

禪密一念中

修契天地真

浮生若夢　世事無常

該是醒覺　向佛之時

喚醒自我靈魂

糊眼迷西東

塵裡混跡象

人間隨顛醉

不過心所瞞

了夢 / 6

不見心意春深處

難在情緒冷暖和

忍辱性善天地開

所到自有一番喜

誰家洩消息

佛跡落人間

紅塵水月影

跌在自心上

了夢 / 8

春雨時愁臉

霧鎖人心魂

今明百花舞

為何殘片流

安心為慈悲

讓心靈沉澱

是消災解厄最好的法寶

六道非實相

實為在六根

知心自靜淨

六道是無名

見山間如如

雲清風日明

無事勝好事

心間聚福臨

了夢 / 12

生活即是修　加持在相處
眼前皆佛密　順逆皆無語
風塵自無礙　忍辱波羅密

孤燈垂煙裊　紅燭伴經聲
春水起波瀾　天長塞夢魂
身寄佛心安　一道曙光明

菩提色身中

人海明燈路

心上相見自

古佛了親疏

心路難計程　　早晚狎相處
風雨嚴寒暑　　幾度昏欲厥
何人弄心魂　　是誰空垂淚
一生我欺瞞　　塵夢虛渺中

誰也無沾立上風
有未曾多就是好
無也非少即是缺
算盡機關來去空
浮華拋開醒殘夢

紅塵藏佛心

只這人間遇

眼前身所在

活著誰知道

靜意本自閒
萬物體性寬
人我何相尋
心幻同是真

春寒水雨霧
空色茫一片
山野無遠近
只見漫長空

了夢 / 20

清話萬物閒

無語照心知

大地化塵剎

光通佛妙身

怨心深埋人

相處無好事

見聞是非事

誰見是非人

風雨終有息歇時

黑暗終會來曙光

信念支配著命運

菩薩與我們同在

把悲憤、憂懼化為力量

提起正信、正念

善良的人

天地絕對不會辜負

了夢 / 24

月光隱靈真

神力僧衲衣

宿因今所見

佛家作橋渡

慈悲是無為
心處無動塵
念行皆自客
眾生名皆佛

智慧讓我們活出

慈悲、善良、溫暖

仰俯天地無愧

感動人間美麗的事蹟

隨時安心性

佛光加持身

所到皆無遮

現緣悟無常

一心十方淨

了夢 / 28

當遇到不如意

即是有新契機

不好隨風放走

寬心會來曙光

若能把三心安歇息念意自顯現覺智

當下如虛空中的日輪

善照一切光明

每人的心是自有清淨本元

當明白本有佛性

深信自心如來體

若肯對世間一切顛倒夢想看淡了

隨緣如夢幻般水月世界

那此時的您

何不是如實穩坐當中

只須保持著不取不捨的態度即是觀自在

因為是不用造作如是自然呈現本覺性

為圓滿平等之真諦

無盈無虧無強弱無得失

莫提空見莫著有處

不涉名相緣自顯生無事心

鬆放當下注視心意

讓此心歇放寧意

就是如此無造作修解

觀它、放它歇念息識應而無住心相

了作無為無修無整為平等覺觀自在

自契真如性顯如如本體為清淨心

修行不在師

橋渡引見心

識心一卷經

無字萬佛悟

了夢 / 32

人心有了善良溫和

對錯分明的人

悲智雙運

才能成就修行

無相猶識作
不見色依存
心本無知會
學人狂追求

了夢 / 34

禪客尋歸趣

心道無為家

安住無所住

語句法無逢

問心安天心

自到故鄉居

天地一過客

古今我是誰

夢幻四大因

緣身心所執

地水風火空

隨佛解宿業

冤親共和諧

心子學佛

是行住坐臥　當下時時內觀　返聞自性

用性命體會每一個緣起作用

在心念上　絕不輕忽

念念當中　明白清楚

提起專注　安於觀自在

放下情緒　堪覺無生法忍

無繫無念　即是鬆放

明見真心無作意緣想

隨過緣心返本元

在未生念時　與欲生念時

激出生命火花

敬請用真心體會"佛性"即在此處

本尊體性　無上尊貴

並不是盲修瞎練

當真實懇切用生命修行苦磨

自有緣熟　一句口訣　即頓真心

若無用生命注入靈魂

用心來苦練心志

再殊勝口訣也如同塵灰

當體會生死無常　佛無法可度

自悟自心自度

切莫逝去眼前的珍貴

生命中有佛引導　正看著心子

有相無相同等是相　皆是緣假空作

故本是虛妄

然雖是妄　亦是心緣處

若能了觀心緣　無繫心念　平等覺觀

實際是自性作用　無著見解等執分別想

隨心自在不著緣想

即是觀覺心地行菩提法

無念處而不興得失　自了無念成實性

無顛倒知幻夢　而不受影響　隨心自在

如鏡無心　照用無窮

幻心大幻王　行佛幻為大自在

千山萬水涉無蹤　　誰肯心放端坐見
自元相親佛在家　　出入塵念虛空破
影花舞者三界人　　今悟皆念空撈月
息歸清涼澄光輪　　浮雲夢生古佛事

佛眼看娑婆

只有魔鬼上身　才會不知道眾生苦處

不會自我檢討　一昧錯　總有話說

因為心無慈悲　自私利慾重的人

怎會知道什麼是好事、善事

教他如同要他的命！

了解自心性的物質

觀透它　實知本質是幻性　不作取捨

那即相見煩惱

若無法實際從見地上覺照煩惱

是無法成就菩提心

倘若清淨心仍執見清淨　亦是煩惱

青顏花色是春衣
心塞頓開放眼去
大地元無有多餘
微塵同本大千界

煩處明見菩提
念提起無根性
放下本元無作
無提何放自寧

不解修持自心道　不識自心地

是心性執性於我所　造就妄念紛飛

無明煩惱本無根性

不解自心實際　勘破我執貪念所愛

了悟一切夢幻泡影

不起悔過、懺自貪愛瞋癡

而一意向文字中求　得清淨解脫義理

不知煩惱無礙心

是心自趣向念生名相分別、得失、好壞

趣心意想而障心道

摩訶般若妙生一切　萬法惟心造

若能隨意如空響　而不執取捨分別

念又何所礙

自心但無妄想　煩惱本自性空寂

若起心著淨對治更除

以心捉心　分別淨妄

不知同等是念性作用　何有淨妄之差別

再有無念上作功用　妄本無處所

了夢 / 46

心影滋生淨相　自徒增迷悶

以除妄立淨為功修　實是障自心本性

昧性妄為謂修行

被淨想趣真如所縛而不自知

背離大道遠矣

佛願在凡境

從緣化塵劫

今身是戒體

施捨有情間

在塵劫業空痕裡
方現在緣遇心佛
冤親就是我的佛

用懺淨悔過舒開心結執性
無求心來面對我的菩薩　我的佛
若用最初佛前真誠心念
在面對痛苦與冤親
仍是無所改變　卻能甘願
無想時間多久才解脫業報
倘若如此真心還受地獄般的折磨
那只有佛與菩薩才能如是行忍辱

有物能作心曲調

無論何名皆虛影

眾緣佛跡誰高低

天真本然無出入

如鏡體性照明空

有無是心見

心見為境相

境相執見解

永墮知見覺

無明從此出

敬愛與奉獻
菩薩對待眾生
如供養佛同等

當太陽落下　黃昏之後

夜空依然有月星光陪著

在美麗環境快不見

也莫慌張害怕

天地間自會有一道曙光

只要把心安靜在觀自在　用心平衡內在

外緣是可以隨機而轉動命運

相信自心　觀自在　六字大明咒

為心靈上明燈

在佛壇城中

說出讓人心痛語句　傷心流淚

是消弭因果業力　安撫空靈

為亡魂消平怨氣

若因此感到不悅

那就是我的密法太粗糙

刺痛了人心　就算解了冤親

那也是一種罪過

發心利益一切眾生

即是供養三世諸佛

護其心念 安一切眾生心

即是護持三世諸佛

無量功德

懂得調理心性　心安於當下
隨心咒佛號　放鬆心情緒　專一不亂
學習獨處是最佳法寶
此人自能感召天地神威光
三世諸佛菩薩守護

若是修行是為了要滿足自需

求不到而生痛苦

以自己的角度就是好　要別人接受

或事理不明　請求菩薩幫我助我　顯神蹟

堅持己見　祈佛發願拜懺

如是順我　才稱作感應

要解自心所渴望　人事物如我所願

這不就造成天下大亂　失去修行的本質

不明因果業力深淺　前因後果

其實修行只是自我觀透執著點

去執、自淨化靈性為出發點

能用不同角度　看待所遇一切

修心當無條件來看待環境才是

我亦如是當警惕自我　莫執善爭度

惟菩薩笑看著人心執念的可愛

一場夢話

世間無獨出的心

在空痕蒼宇中

有情器量　心心皆相連互作用性

方為世界

如此即知　若有人真心發心

奉獻身口意來誦經持咒、抄寫經文

為大地祈福　這世界會因您而轉動

功課轉經消解業果報　生活即是修行

能如是　大地自來吉祥　解厄利生

皆有大靈威跡

末法劫重不是問題

重點是您開始發心了沒？

感恩您為環境共同努力

明天會更美好

身體上一切傷口

只要自潔靜忍不觸、不碰、不抓

按時上藥　那藥即有大作用　快速療癒

那心上的傷口　惟有自堪破

同等靜忍　放鬆平衡

放下執見　重新面對

最大靈丹藥　即是接受與冤親和諧

敬畏感恩　即能撫平一切　惡果轉為甜美

秘密守護不住

那就任它溢出心口

總比痛苦到吐不掉、吞不下來的好

該面對的　也不用多想

接受也是一種力量

世間人海蒼茫中

相遇有如蜜蜂的尾針　那麼渺小

卻一刺就痛　是宿緣　是心動

請別忽視它的可貴

累劫數積成今緣　善自體悟

如今緣熟　才有今日的深刻

注定與宿命　當用智慧來看待業因果

無數次的劫　身過　方緣無數對眼劫數

方會一次相遇之緣

人間情多少　方墮落情劫海裡

要有幾次千百年數　才緣生來今世

方有一次相識相知　難能可貴人情

緣遇人生　為何不愛您的冤親呢？

感恩對您不好的人　接受它的解度吧！

當您能替他人

多設想一下

少了計較

就多了福氣

念頭本托空　空生這有無
幻生是虛無　妄情無根性
人我緣無生　妄起無可繫
長恆波同水　永劫不沈淪

昨去今來
明日何在
眼前三者
一念頓空
心開見佛

一句已是擾

無語自多疑

心處明舒卷

無事無增減

雲仙在山居

渺隱埋青色

今到古塵剎

靈峰無俗人

時間流水中浮沈

劃過天空陰晴

在葉落風吹翻轉時

浸在浮生夢幻裡

悲歡離合光影中

生命節奏就是時間撥弄著音符

隨緣來去似風而感動空靈

撫我心處　引我摸索

在平凡身軀中見到真實人生道理

渺小的我　何不動容

一切因緣皆佛密

心中有愛

對任何人都能視同至親

是活菩薩現生

展放生命慈悲光輝

浮塵念心如古冰

靈性生焰火覺炙

同本似這光和影

自家明體如何舉

萬緣自隨它　牽掛又何用
人都是自傷　人情與事物
如水上聚沫　堪破世塵夢
見花語安心　花開契心知
瀟灑任自在　風中香常來

身體浸潤在空氣中

吸吐之間應是淡薄

沖洗雜思　隨氣息而清澈

方不愧對空氣

珍貴丹靈　清逸靈通之氣

賦予生命承諾與依恃

無貧富、善惡、貴賤

感動心已收到

無聲古靈泉　滴入跳亂心念頭

澆熄無明的心火　生出清涼盈放自在

隨時聆聽空氣中如雷貫耳的無聲大慈悲音

無始終誦持著

我心水當是止流靜淨意觀覺　如是同體

若非如是　我心念就是汙染源

製造情緒　給予自己苦厄的元凶

雖然我無權選擇在怎樣的環境生長

但是我有力量去努力生命

活出信念　活出自我

就是這樣獨自的心念

不被外因而擾　不見別人是非

更不在乎別人眼光

也不會因別人提著心情

誰也無法幫我面對人生

我就是我　就是這樣

自由展放　真實作自己

環境不能決定我

是自己心怎樣看待環境

將自己的身心靈顧好、修安穩

從自心顯發法界慈悲光

給予環境一份安心　功德無量！

當少了所愛

不見了

應該是同時來了光明

只是世俗心會選擇不捨

向影子來哭泣

人頭上一對角　善惡分明

但總是一直是非不清

我也一樣

祈求我佛　幫我磨去

再痛　我也會真心由衷感恩

相見冤親　是佛的慈悲

人心都活在三個我之間

一直流轉不停

即是過去、現在、未來的我

呈現內在心境

沾染反覆情緒作因

皆用起伏、不平、冷熱集積

直至成果而受報

所以了解到

業因是自己生活上情緒代謝不良

而造成自己無法面對自作成果

白雲寄明空
無處為歸處
隨緣聚散合
生在無生中

人困苦中相見　即有如冬梅身影

她讓我覺得生命清雅高貴　談吐脫塵

並無意所遭受種種

依然笑迎生活

那份堅毅、柔和　讓我感動

但如今那份單純清秀笑臉　已生疏了

現前是粗俗　金玉銀環鍊著自己身體

學我一樣穿戴　談吐中散發鄙視別人

之前梅花氣質不見了

完全顛覆當初給我的印象

可怕的物質虛榮

讓我失去親人般的心痛

點醒了我　驚覺是否沾染虛榮

別人是否也如此看著我

不自覺中給人虛偽的感受

隨時深記省思

了夢 / 78

謙卑、放低姿態

感受得到慈悲光芒

安撫心靈平靜無處

眾生法王法　　各個是好手
華嚴頂峰處　　無不古佛人
盡散在世間　　我界大法界
今見如幻夢　　無去也無來

愛是生命的動力
菩薩把自己奉獻給眾生

宇宙萬有

心為靈苗之元

身體是心芽

若不知身心本

永遠迷惑　昧靈性之覺

為失度、無己茫生

玉宇中　飄渺無寄空痕殘靈

來去心作念

幻影今明時

念了脫塵緣

無心弄虛空

當汝身體受到苦厄

此心受到無盡不平

在環境中　又復行所到

皆是無以得到溫情沾撫　度日如年

我心悸動體會

此人身心是比世間

任何所有靈性無上殊勝

烙印著佛密　靈覺之門

在汝身看見了蓮花化現

我等無語　火中蓮花

菩薩光明妙境　在此身上顯現

如是恭敬佛臨現前

內心震撼　我佛大悲心

五體投地　無上感動

頂禮火中蓮花

唵啊吽

身寄在紅塵
無酒人心顛
醉生與夢死
醒眼有幾人

人的情緒是一種業力的芽

從自己的想法來看待人事物

那這般心意　在環境上

若遇到無法降服、說不過、理不通

無法說、難溝通、無理的

而此時的心境

即是轉動業力的關鍵時刻

若能柔和自己的心情

用客觀、包容、將心比心

忍它、讓它、感恩它

果實的酸甜　就在這一念間

菩薩的偉大

是在於思想上　為利生而修

實踐了無我的大愛

走入眾生心

引導群迷　出離生死夢宅

天地昭然　古今不變的道理

明辨善惡的人　自然感受得到

善者吉昌　福神護佑

所到之處　皆能感召吉祥光

利樂人間！

若不見心難見佛　看自己心是何物
依外執內皆心病　佛法心地無相體
了了分明觀自在　自心若在境無沾
塵緣念慮繫無生　念頭放光叭𠺕吽

人心該洞覺的是相見自己

坦然心境　會悟本元

本來面目　靜淨純心靈

在這世間皆無法用言語

更無物可襯托出它實質　與無上尊貴殊勝

即是本有靈覺　謂佛性　無汙染靈性之美

如是無條件　無目的性　無功德想

非為佛　非為眾　非解脫　不解脫

戒　非戒

無任何心意、雜垢　坦白心安

如古井之水　冷靜平寂

照明無動搖來去　貪嗔癡無起

所緣如是無求、無為、無念、無識趣

而能泯自身心世界如空響

空明心緣　自來甘露般慈悲

本尊心　眾生同體性

恭敬眼前如見佛

隨緣隨喜供養　能無為而為

了夢 / 90

施濟未來的我　　解度現今的心

無見施、受物　　方是悲智雙運

　如空響　如光影　如雲煙

　紅塵無事心　　人間行慈悲

　世幻醒輪迴　　光體琉璃界

菩薩愛眾生

如同珍惜自己的生命一般

眾生心是佛前的珍寶

體會得到它　即相見到佛

心若有所寄

念處猶堪慮

莫論是何處

我佛不二見

我界即法界　無可更得見

淨潔是在汙穢中

佛處即是眾生行

同等無別　聖凡無欠餘

莫貪戀　莫尋討

當下已足古今

十方洞澈無纖塵

生死與涅槃　皆虛空花

若未見真　敬請勿妄語

還可相見生死長波

佛來西天旨

心心密印心

授付非有無

有言契無語

有求必應在我內心真實起了很大作用

遇到困難　能面對菩薩

在佛前真心頂禮

將內心的事情坦白交給尊貴心佛

祈求給予方向引導

就這樣放下重要心事　不再疑慮多想

如同把錢放在銀行般

深信它　不生疑慮

託付給值得信賴

可用生命來奉獻身口意的心佛

接下來的時間中

我輕鬆地將心寄放在佛前心願

不再翻騰　隨著調適

在心平當下　努力觀自在

真誠持誦六字真言

用無雜心念參佛禮拜　清理心中罣礙

放下掛念來接受環境

有求必應　給予自我突破心靈最大妙藥

讓我心生出力量面對障礙

慈悲引導　在黑暗中現生光明

感恩您　我的心佛　引導我觀自在

眼前一切境相

皆是我心水上的倒影

如是我知　顛倒在自心處

了夢 / 98

我的密法

即是教導如何相見自己

迎接光明與希望

離此之外

我只能說　自求多福

一念而生惑

迷昧在於有無好壞、得失之心垢

是一切人心顛倒

見想之處　為眾生心病

應緣心來去
來去只這念
虛空本心體
佛眾無出心

佛的心懷　眾生為最上
魔的心態　以自我偉大

為世人所作事
生命豐富精彩

為自己所求事
心靈貧瘠鄙夫

我親自相見到

那慈悲光　由您到來

低頭感受眷顧

我的菩薩

有了愛

感動生命

就在善美的真心上

人的心情

若一直在情緒上反覆

那只會招來傷害自己的事

不平的心　只會走崎嶇的路

凡走過必留下痕跡　只有遺憾

降服無明與貪愛

方能滿足一切眾生心

生活即是修

若看不到別人過犯、是非

只見到自心裡

有無煩惱和善惡心念

那此人

已走在光明心道路上

冤親從習性與情緒來

因果業力不可怕

可怕的是自己心靈養出最大的冤親

就是我執與貪愛

相見到您的面貌

我才恍然知道

我不在顛倒夢裡

人生的舞台　該面對最尊貴的觀眾

就是天地與自我良知

當感謝環境給予這舞台

不用掌聲　只有隨時呼息吸納自由

俯仰無愧　自在演活當下

無面具、無台詞背誦

自然活生坦白　無矯作　不用粉飾

淋漓盡致演好角色　作自己

那也別看觀眾有無、多寡

惟自問心　即真實人生

修行人的麻煩

是進了佛門　卻自覺與眾不同

整天把佛戒、因果經、功德

刻入心念　掛在口上

不看自己　卻拿道德尺來衡量於他人

拉著人　要求他人跟自己信念要一樣

跟隨我師　免除災難

稱為度化眾生　廣結善緣

如是即知　已掉入魔淵深塹了

因果不昧

心塵念微

行應法滴

注滿劫海

在人生道路上　睜大了眼睛

為何前途仍是渺茫黯淡

出再大的太陽　開再亮的大燈

也是照不出世道險惡與未來方向

為何如此

是因為眼睛裡無靈魂

看不到自己所為　而迷茫中

了達自覺道

無求實心安

見本元性同

法觀無彼此

觀覺內在一念作用

不隨它起　不止滅它

動中無動　靜中無靜

如是客觀無所造作

猶如看鏡相

來無所來　去無所去

一切皆無執　熟識靜淨生妙

如是無量功德智慧生

是凡是聖
同這念處
萬有本體
心無欠餘

因為您的現前
我方能清醒過來
慈悲身影　頓醒夢人

善惡念為因

苦樂受為果

光明就在眼前亮著

它始終未曾離開

萬法元心體
妙用應周全
空中大覺悟
無佛行佛行

實際知佛者　離卻有無

見心實性無二

有佛無佛　同等是心病之迷思

會觀照自我心靈

即是會自我認錯

勇於坦白　勇於面對

那天下間　是找不到敵人的

佛印心傳

無受正受

無得無失

契悟圓性

了夢 / 124

明了自見道

心識念根元

解契體無為

心法何有無

身心幻是我
了我心所幻
我從幻身出
無我為大身

敬請用面對生命的態度　來灌注自我心靈

心子當自我深入了解此心

明辨正念　行止正道

觀自在　了悟堪透心道

身是佛寺　有無量諸佛密意

心本尊座上如來寶藏

不在外　不在內　不在有無中

只這一念之覺　即是佛心密印

在此之外　皆行魔徑　離佛已遠

小心莫迷失自我　永墮劫海

見身是佛寺

廣大非有無

心座微妙尊

無相觀自在

動物為了活下去　只為生存空間來搏鬥

唯有轉動自己　融入大自然

學習如何藏身　如何覓食

如何更茁壯地面對環境的殘酷

是誰會想改變環境　只有人類

有了聰慧　忘了堅強內在

用逃避或選擇性地來看待環境

自己永遠跳不出內心的恐懼與孤單

在心靈深處

住著會吞噬靈魂的怪獸叫心魔

人因它而墮落失魂　心靈變脆弱

其他動物卻因它而變堅強

更能面對接受環境

為了生存　惟有強化自己

同樣為了活下去

為何有不同生命態度產生

當三思了

佛法不是想法　更不是聽法學道理

用蘊想來行使修行

那永墮在蘊界中學取義趣

聞法釋文稟受道理教法

在如何無上解脫法要

永劫難脫生死

怎會如此　只因想法觀念並不是出於自心

而是依它起念生有無對錯好壞

自覺有道理　自心生欣悅

全然自蘊想陰識遷流

念念轉動　生死長波無止

慈悲是本性　並非蘊想

佛是自性本然

並非想佛、想法、想禪、想靜、想出離

這皆是蘊想處

何能止流生死　何有真慈悲行道

心子當要學是自心習題

自本有無明　是自性解脫法要

了夢 / 130

不是向外求法　來障礙自本有靈覺

作為解脫想蘊心行者

莫墮依外見聞知解想蘊中學佛者

願人人早日明心見性

早日有學佛的第一步

即是實知自心　方能明心見性

當是學佛生涯的開始

相見菩提　方明心道

尋佛見佛　明佛修佛　學佛行佛

作佛了佛

心法非想蘊

意想佛更迷

了識非有無

無動念自圓

了夢 / 132

本心無相　虛寄萬有

三千大千　不立纖塵

十方當念　佛眾虛名

識得自心處

本有是佛智

元妄同菩提

放下誰相瞞

自性本寂妙

放眼無欠餘

遠近睹無物

心眼滿十方

把愛散播世間眾生處

心靈豐收　充滿法樂

為菩薩道

了夢

掌握著心情與情緒

離別貪嗔痴

是經營命運最佳良藥

在現世中

佛法的花朵　總是如古時流傳那樣

乘著逆境　與眾不同　而開遍美麗

動人的歌頌故事

就是在今時所發生

依舊不合理

滄涼讓人感心

佛心所結成　那份感動

花朵的美與香息

放送在紅塵深處

為了解度的執念

多少現實不平中

自我犧牲、奉獻

給予蒼生　點亮人心

作為明燈指引

當環境給予不合理

在非常之時　相遇損我、逆我的人

此時是宿世佛現前

來解度冤親　來消我惡緣業因

為我了脫苦厄之人

感恩眼前一切

是因果所繫　相藉那份執著

針對我來　鍛鍊磨平心性

好體會忍辱波羅蜜多心

這是佛法的美麗與無常相應之道

只在深入紅塵裡

才可相遇我的佛

有智慧　方見得到人心的對錯

切莫掉入情緒漩渦

心情把持得定　當能轉動契機

菩薩的病因

來自無法滿足一切眾生

有無揭色空

萬有一微塵

心體現機妙

緣生無盈虧

在生活當中

人心應對需要而體會

並不是活在想要　無止為貪垢

一生所需並不多　但因太多的想要

方被物欲吞噬心靈潔淨

養出疲憊　累了身心　失去活力

我雖然有力降服空靈

但卻無力降服人心

再可怕猙獰的惡鬼

也在菩薩心經下低頭

為何心經的慈悲力

在有菩薩緣分的人身上

所見到的是更深的迷茫

是因口中掛著佛號咒語

而讓人覺得放心

但事實不盡然

往往最難溝通的

是一些整天佛口修慈悲人

人海浮沉　順逆如浪濤

貪著順流　終究吞噬在物質享受中

提昇心靈妙方

即是面對順逆境一切皆感恩

成功與高峰境界

是自足心安　捨與他人安心

在人生終點上　能回眸一笑

當是世間上最尊貴的真心流露

即所謂問心無愧　更造福世間

心情是方向

引航於未來

好壞一念間

命運自所擇

真知無語
心真無相
誰好誰惡
聽聞心如
無生法忍

日光明輪

古今同齊

放眼大地

塵塵佛剎

了夢 / 148

心鬆放方明
本然心自空
明物非有無
心轉物無名

人生不用追求偉大

但要懂得歷練

讓心智如何成熟長大

能用崇敬與感恩的心

看待環境這一切

默默在自己的本分上守護

為這環境來努力打拚

別人身上都有我無法做到的點

善現光明　自當感恩一切

人心識界裡　是一切根元

若無法放鬆思維　勾勒著境相幻影

在淨垢、美醜、得失中

難放下心念所繫我執見解

長流連在三心反覆

如此無論想著何種名相執念

皆是無明種子

心識界為幻因　現象緣生為幻果

幻果即是果報　因果不昧

幻化身心世界　受果應報現生

實質緣起生老病死苦厄　鐵的定律

現實當中離幻果　然真際在一心之間

剎那轉動內因　變現外果而成　升沉境界

故知內識界若了幻性

外緣現象必真實明朗空痕無際

了悟內因外果　惟心惟識

空幻內識趣　現生真實境相

兩者同等一心我所

內虛明　外真際

非夢幻迷惑

而是生命感動宇宙萬有

現象實際　真實剎那

空有同齊　真空妙有

眼前真際　生佛同等

大慈悲泯　眾生無盡

佛等無盡　我願無盡
苦海無邊　佛心無量

命運是隨念轉

宿世福報若有

今當知喜捨造心福

若少　更當修緊身心造心福

量深淺　即知福報厚薄

遇事不落情緒　即福大厚重

遇事心浮情緒易怒　量淺福少

若情緒不穩　再大的福報也會耗散

法悟契微妙
法本真元在
性空體靈通
禪行無動塵

明正法眼睹

見無物可藏

心眼了念趣

當體頓真乘

心契自平等

心法無內外

物我體性同

放去成一片

鹽看著糖　糖看著鹽

兩者總是羨慕對方　那麼討人喜歡

讓自己的心容易起情緒

是妒心　生了厭

眼睛總盯著對方　陷入苦惱不平心

一日　來了兩個人　一老一少

年少說糖甜　鹽美味

老人說兩著都不是好東西

過多都傷身

年少者說那就都不要了

老人笑著說

是自己過度於味道

重口味而造成身心失衡

這世間萬物自有好處與壞處

其實自己才是病源

對任何人事物執著

即有害自己心靈與身體

就是忘了自己而失去平衡

鹽與糖聽著會心一笑

方明白什麼是觀自在

生中具含死因　緣生妄念所纏

若明生性無礙心體　無雜心念

死未至時　已足通出離

無惑生死　為解脫密意

眼前絕纖塵

三心自空明

有無念無作

了性法印明

只這寧心意

何處道不明

早晚相問揖

念頭了立處

洞澈真覺理　心間百不知
淡處無可語　能見無所生
情識消妄息　如幻諸佛密

俗情與聖心
有事同無事
莊嚴平等性
彼岸見念處

真佛不可見

法本無取捨

無功自明通

心體無方所

眼睛只會看著別人的好壞

那即知此人　心靈已被覆蓋

是看不到自己未來的光明與希望

美的氣質是天生賦予　自然本有面目
是心地所流露出的氣度
在自然中散發著
是無以後天削肉挖骨出來的

真實本智皆因念慮而覆藏

執相而顛倒　為心境所礙

降服眾生心　妄想眾惡心念淨盡

心先明無我　諸法無得

一心不亂　安於當下　菩提心地

所緣諸法　皆是解脫相

修緊身口意　　速成法要

即是百年一日中　　眼前作用

能所無持無脫　　心體妙如

最深心密意　　微塵念上透覺

塵塵皆無性生妙　　如鏡體用自在

世路無迷塵
是心自障眼
來時明赤空
憑何能希求

天地在這空靈界有一大事

即是獵網已經開啟　結界已失

在這環境中　是靈的世界

每人如同空靈的獵物　自由索報

這並不是危言聳聽　而是要正視天象亂源

智者了解進入壞期　愚者怨天道不公

現生此緣的人　是宿世勇者

修行發願來接受此獵網淬鍊

同時也為家人消償宿債　為共業

共度化有情眾　引導正信心佛

天象失衡是人心失去正法

有寺無佛　人心偏離本位

有佛而不知在身心處

讓天魔得居人間　迷惑世人

信我得解度　免災免難免輪迴

末法亂象　導致現世報加速

皆因不自見心地　無正念

不面對心業宿果

不懺自身心歷劫所造因　而向外禮拜祈求

誰是活佛　誰是如來

誰來消我所造罪業　讓我免受業報

我等心子　自當有智慧　因果不昧

一切惟心造　實自見真

夢醒自見心　懺淨心業

自心是妙寶　速頓醒歸本元　人我空幻

世間如水月　照見虛幻　業果現生實際

惟心真實　如鏡影無心

無住通達自在佛心密鑰

實見自心　明通十方佛剎土

願有智者　速返自心地　自見心道

方可平衡天地

人人自見心佛　家家有觀音

大地自放光明　相見華嚴境界

實知自心　不可思議

空花心影明

世間水月行

不在有無中

體性無盈虧

了夢 / 174

青山流水長

空靈韻吟常

心香冥靜禪

人我物天然

人心的習氣與欲念根性
是打開險惡深坑塹的關鍵
地獄本無門　無明強爭入
災厄繫在情緒　嗔痴失衡
貪出自食其果
眼前是來磨練心性
我的佛　當用感恩、忍性、包容、放下
自得解度

了夢 / 176

愛一切世人

所遇皆是

生命中的貴人

處處遺佛跡

但看鳥花香

流泉清細長

透脫心遍境

若有人用傷他人心的手段

讓對方情緒失衡　或身體迫害

那即知是惡靈行徑

魔鬼的勾當

靈魂已墮惡鬼道

幻性在識趣

實際念為果

若能了心幻

眼前最勝意

雲水流光影

夢幻事多少

世間心自明

輪迴誰相隨

看著自己的心　學習鬆放念趣

不作繫與脫　無盈無虧

不落名相文字義理法要

把最深識覺傾空所知見

坦然自在放鬆

眼前無著一切觀覺念想

有無皆明了　無沾名相　常應心地能無住

即是禪

人生如浮雲　萬般總無留

捉不住　莫計較　任長短

歲月今最勝　眼前平凡中真寶貝

緊無求　靜觀妙　任搓摩　順逆寬放心

無動性　萬古靈鎮　念無物

無來去　誰得失

心體無功用　痴來憨去

無須說　各自有乾坤

天堂地獄任自運

明明機關無可說　自堪破　方有益

情緒質量習性若無減　修行是汙佛名號

自深思　當自悟　莫多嘴　萬事隨夢行

戲看蒼茫人海　回頭少

迷醉低頭　見身影

無常若到　虛渺飄何處

那道光明　心中感受到

寧淨、清醒、潔亮

無所不在的您

稽首感恩　我的菩薩

無價珍寶　三千大千界

心體十方一微塵

無上法要　法無法

心自放元　舒心懷

空中色無邊　虛空藏無盡

心妙如性　佛冥其酬論

了取捨　無人我　無彼此

空中生靈覺　無相體性　共圓水月天

幻境炫神通　　是魔所行徑
我佛慈悲法　　了我自會心
境相明虛幻　　性真色空身
眼前是心道　　執見墮迷蹤

觀自在心　了我無作　性相體同
心體虛空生萬有　虛空藏　應物無所得
空色寂妙　顯如如　一味恆清
縱橫天地萬古靈性

若實際明了自心的人
放眼看著環境所緣造作
現生一切皆是圓滿的
接受是一種讓自己成長的心力

堪破世浮雲

夢中誰親疏

心放自得道

如是即修行

相見先天本

未生時面目

如今何所得

夜空滿月照

了夢 / 190

人緣剎那皆已定在五百年前

若有心知　互相感動

那是千年之深彌　方能如此

感恩有您真好

當我用生命踏過每一寸土

所見人事物相應

皆是宿命的應證

曾經有過　才有今日續緣

再次的緣起　叫因緣

自給予再一次修煉的機會

妄本緣性是虛浮

實性從本色非色

了念體真無分別

山河大地法身影

所謂閉關

並非把自己關起來

若關在屋裡　那是靜養身體

並無關戒　無過關的實義

行無生法忍為閉天地關

隨人雜處　驗心無亂　無動心性

人無親疏　只如一人

見無所見　聞無所聞

身口意放鬆　無可事　無可念

行無住　無語中

息識養心神　三心無作念想

即是閉關實義　為觀自在心

靈峰僧古蹟

山崖虎溪影

松竹見證事

留下過石橋

雷音沈震響

朝聖鳴天鼓

僧跡道慈航

瞻禮心香淨

我今現世間

只有一事

不圖己生一世

只為眾生出世

世幻夢花影

來去何所住

應緣只隨性

人間一瓣梅

看盡人間道　世事本這寧

多心生徒亂　所見總礙眼

誰肯見自心　天地是無語

當下見聞所知　不離不取　自伏心降念

從自實際心地　識趣無作

不著境相、不攀緣、不求佛眾名相

無強弱、淨垢　如是觀覺

不立空有之見

了脫功德貪取積集

無人我彼此　不著一切分別想

應一切皆自隨緣

勝過一切所求知　超越三界智

無求自致　解脫生死流

這世界是會給常吃虧的人方便

為喜捨的人開道

先善待自己的心能安

自能善待一切世人安心

太陽光是生命的能源
靈魂光是來自心地慈悲和智慧
引領你面對
輪迴路上的淬煉與黑暗
昇華靈性光明境

人世間命運

是會依人心

所呈現心量大小　來做調整

人生道路是廣、是狹隘

皆在自己心念上

了夢 / 204

風月樓塵客

寄在渺無間

可見浮雲中

聚散總難留

死亡是另一個轉身

頭緒即在今生眼前之時

有永恆光明道

真理只有一個

古今不變

佛不在外

自心實見自己

比見我殊勝

更勝相見十方諸佛

一切相虛妄　如幻泡影

佛法是自見心地

惟有打開此心門

通往一切佛剎土

方是佛心之道

離此之外　小心墮落坑塹

空間、時間只是概念
但因我執念性　識趣繫意
轉換成三心
有過去、現在、未來
為生死輪迴

當踏入修行心靈路　自要覺悟

天地自無語　一謙天下清寧

道本如是　又有何可語

所以只能選擇自己和孤單相伴

才能突破業力與生死枷鎖

默默地做自己知道的事　叫良知

世情、物情、人情、親情、愛情、心情

沾此情毒

是靈修者無法昇華靈性的主因

也是深入紅塵緣起　該走過的道

菩薩心繫於眾生

眾生心只想自己

了夢 / 210

佛、眾生、心

如幻如石光電影流

心質量情識若消泯

三者平等實性　幻真自一味

法界一心　圓十方坐

古今一如來　天真本元性

自是無來亦無去

觀十方法性界

一切諸名　皆是一心名

是如來化現

有如清風拂吹　所到隨清涼

是因這人間
心的世界中
若真實了知
一切喚我醒

了夢 / 212

知幻無憂喜

心水長波息

念處緣空作

無生亦無滅

用我的心　用我的眼
只有自己的念頭上立功課
為修行精進
無精進為真精進
無中生妙性
空有透脫

自面對自己心深處

身心靈上的世界

對待自己

行為看似慈悲　其實是殘忍

看似殘忍　其實是慈悲

人心的貪婪

造就了人生的累贅

讓自己的心靈

無一刻安心

了夢 / 216

心欲行真功德力
集十方功德所為
不如一念頓歇了
消解萬劫輪迴因
內真外行自無漏

真正的病是心病

一切身病　恰是療心之良藥

歸還本自寧的心

昇華靈性妙靈丹　即逆境之力

該看淡　堪破虛浮

方能自我救贖

青松蔭林泉

石橋流不去

山寺僧足跡

空靈忘俗家

若能真實一念微細中

而了知實際

即明一念微塵數

是百千大劫元首

故知一念剎那

同等長劫輪迴

了夢 / 220

我用心眼觀　眾生不可見

因所念性　一切想蘊皆緣等無實

前塵後影　諸法隨念而有

分別境想　妄作念生有無

而似空花水月影

但眾生隨佛說空

即執空而實

謂一切皆空

因墮在空見　而難見真實

如是不觀清淨、非清淨

亦不觀空　不觀有

不念生取捨　即脫眾生名相

即是真心觀覺自在

眼睛只能看到現象

無法了解實相

這剎那緣現

不是所見如何

而是心情被自己內心所覺

生起是非念想

情緒牽走在迷茫顛倒見中

失落本有的清淨心

成為自心是非人

世事皆夢為　人心被境牽

所見自沉浮　忘歸生迷津

了夢 / 222

追逐我的影

只有塵埃

行我的路

迷失本有的道

尋我的法

乾枯自心靈甘露

拾我牙慧

塞住了智慧

惟有實見自心　相見自己

方明十方諸佛所歸處

人生所謂成功

即如金字塔上頂尖亮點

在榮耀光環下方的基石

誰也不會去注意

自己就如同踏著別人的頭　爬上高點

因為人所現有每一個點滴

生活環節上　都依賴眾力所成

如同各行各業

並不會親自去栽培或採集所需原料

人的世界中　每個成功亮點

其實是別人用生命與血汗

造就給會追逐夢想的人機會

加工成為自己個人名牌

若懂得謙卑、利眾

不論事業大小　無貴賤

即成為大家所謂的成功者

若能摸清自己

即知命運

因何艱辛　因何安享

方清楚

誰是貴人　誰是小人

無愛怎會來

無貪何針對

欲求誰能滿

疑慮生影這虛浮榮華

世間心自爭苦

業力非空降

根元我所見生

誰能自認清

甘願　所遇皆解度

冤親共和波羅蜜

我若是佛

教您絕對泯情裁斷欲流

連得成佛想皆是欲流

我若是佛

會告訴您輪迴實相

神通無法破除

因為是自心生命密鑰　是宇宙法則

眾生自我生命泉源為法界

我若是佛

真實無法帶任何眾生走

因一切障礙　是心道必經之徑

請您不要沾黏我

只會錯過今有身心俱足成佛寶藏

實際了解自心

無所得　無依　無畏幻化

即涅槃之道

生死自家事　夢幻在我處
誰能行慈悲　惟自了我見
幻化心無異　了幻空罪福
幻心本無實　知幻何生滅
無依亦無住　無得自圓通

我不再遊蕩了

感恩道路指引

讓我歸家

惟一心中

無別有餘它

如實了知

不從它覺

若能轉動根性情質

從我見彼此之間

忍它、敬它、放下它

能消解人我見之顛倒

所遇無惑　安心　平心　自在觀

此心足通觀自在

眼前當下剎那

是業果所緣生境相

若智覺宿業感招

即知如幻之因在心意

識趣所纏為我所見生心業

造作果報

無好壞、順逆、得失

只有接受酸甜苦澀

無畏幻化

為菩提道

澹然放身心　遠近無親疏
隨著天地間　緊要身口意
不見人是非　眼前無事心
驗這無動性　閉口禪淨念
鬧市如一人　隨緣觀自在

當下一念緣現初覺

能所不落初相

實際念生不著緣生

無著有無念想　無相貌

如是觀覺　緣生無體　為生本無生

了識無作　一念當下　不見初相

緣起無得　當處即真　直了無生旨

為是觀自在

物自寂妙　眼不駁物　不駁色空

眼無思慮　是心自生有無　著識趣

能所若不著我見　心眼了知緣生無性

所遇皆如幻之性　不隨其幻

不隨其生　不隨其滅

來不隨來　去不隨去

念生無生　不落趣向

心體自無來去　有無皆無著

名相空寂　無強弱　不注其名

緣起無作　自了生滅　隨性自在

不出不入　為解脫義　為彼岸

畢竟無得　亦無所失　究竟圓滿

為是觀自在

無明是佛性

參修自煩惱

根本從心地

拈出無相種

浮沈人海　多少苦楚無奈

但看古今　誰能脫出世間塵煙

清淨地是分明

人自苦　依舊在是非欲空裡翻身

爭出功垂與日月同齊　墮落猶不悔

將心持佛　自高為魔　汙染天下蒼茫

知者返己　迷依它人

天下障難　佛法懸絲

天地將亂　先亂人心

佛光雖有　人心已非

大道失明　大地必災

修行心靈死角

自執佛成為魔

與一佛　十方諸佛開佛路
跟一魔　永劫墮魔窟
有智慧者　自當深省思
佛教導見自心地光明
魔信它依它免災厄免輪迴

這世界為您倒數
清醒了沒

身病疾苦是撼動不了
安心實際修持心地懺淨者
何謂懺淨
悔過歷劫、今生所造罪業
淨於未來三心無遷流
了脫過去、現在、未來
心影所繫念想過犯
真實觀覺　活在當下
不涉緣處浮動　安於觀自在
即真心相應　懺淨心業

欲利樂法界諸有情眾

先了我見、人我之顛倒

降服自我所執　了脫貪嗔痴慢疑

為最大慈悲利益

隨所應緣　施予智導　心地法樂

您往往不平眼前果報殘忍

卻很少不平自己貪嗔痴　歷劫的習性

可恨無止傷人　皆因果不昧

前因後果　誰能醒悟

蘊想即因識明白與不明白

在得與不得　皆心思惑

佛法不在此中

是因返自心地

從自身心觀覺念頭上　不立纖塵

不落我見生境　不依內外之境緣

純一直性　不偏不倚

直道而行　有無具泯

識趣了然知幻

明幻不為幻因　明心不為心境

因念無作境緣　心體元寧

隨起無起　無動真意　日久了我所

打破蘊想陰識界　了脫是非有無得失

自識息神養心氣　足通法界

看著世間戲
聖俗如雲彩
人生夢中事
只這水月影

情緒是業障大門
心情會營造結果
太過與不及皆非
平常心自來美好

了夢 /

今我何是我

我我總是塵

塵幻何曾幻

塵塵佛剎土

通往宇宙清淨光明道

只有一條

是人人皆俱備的路

為心路　相見自己

有十方諸佛門票

這門檻　叫做安心法門

了夢 / 246

十方夢中客

迷茫自心間

若了人我所

幻真自一味

如何體會心靈是否成長

那即當自問心

還有無過去、現在、未來　三心遷流

若可見別人好壞　分別彼此

喜佛厭眾

念淨垢、得失、好壞、吉凶禍福

即知著相難解迷冤

一惡當心　善緣福消退

一善當心　惡緣災消退

我的神通

就是保持平常心的平凡人

因為這相遇心痛　頓醒夢人

因您而明白　心地所纏

執著貪愛見想　顛倒是非

原是來解我宿業因　何不接受

忍辱波羅蜜多　隨它風花雪月

修心最大障礙　有淨垢、彼此

即是想得道、想佛、想不輪迴

　分別想蘊未空　如畫餅充飢

若能心放自還本元　何處不是佛家

破開聲色影

光電閃虛空

來去不出心

非在有無中

若無見心實際　無法見佛

自心真實際者

無相心體　無念生性　為見佛

法法無可念生性　為實際法性

無所得而圓通

見千萬影事

皆能不上心

未讀佛道理

鬧市禪行深

見有見無　皆為我念處

我念處即眾生處

離此外　無別有眾生可名

自我調整內在心靈和諧

是惟一給予希望與光明

無形冤親看不見

業力在情緒所發

有智慧者即知　彼此之間皆受害者

敬請保護對您不好的人

守護自己的心　包容忍辱

心中有量才能轉業　感招福報

因為最大的冤親　是自己的脾氣

敬請別造成他人的傷害

先降服自我情緒

因為業力是針對我來

改變自己內在習性

才是根本解決之道

方能冤親共和　為行忍辱波羅蜜多

佛因心地菩提

明見自性而顯發菩提心

菩提心者　即無著一切相

無生分別　無可稱念彼此

佛惟了自心幻境　心眼方明

心與眾生　皆自性作用

同一心處　並無出入

今日何日　時時何時
塵緣念處　影心勞碌
一念作用　分別名相
輕重淡濃　隨心所造
識這有無　萬般伎倆
只一念中　說在知覺
如是當下　古今方才
又有多少　餘塵可捉
夢醒無事　誰有得失
只是這個　淡能平常
如此而已　無可商量

智者降服自我

愚者降服冤親

當前所緣是心境
全俱心顯何所分
體然有無皆無礙
相應如鏡照分明

世間情海　多少佛中人為愛忘佛

甘為情波流生死　為愛沈淪顛倒

恩愛夫妻有罪　情關鎖心魂

佛前宿願　絕非阻礙

而是醒悟自心夢中人

打破執念　把心安竟

守護身邊人　方是慈悲

隨佛修煉丹靈　去欲了塵緣

家是道場　其在順裡消福

擔心家人　自招來冤親業

皆因宿願已忘　離佛已遠

悟佛和諧心念

家人都是菩薩化現來度化您

用感恩的心　修緊身口意

我佛慈悲　回頭是岸

觀自在菩薩笑看

業力不是等著發生

修心可以改變命運

是魔　是佛　是幻　是醒　是夢

是世間　是佛路

誰也無法打得破心幻界

惟自有本元智返觀覺靜淨心地

世界是幻界　心間現生世間

眼前最真際　本無古今

切莫掉入心幻境

所緣是我見　顛倒在心識趣味

外緣一切自圓通　本無缺

有缺是心念生影　即是我見所起

貪嗔痴捉執　著境想　隨業力幻生

追逐影流　繫在無明

跳脫不出的幻化生死

世界心間　只有自己心作用性　冷靜思慮

莫在幻化水月鏡花緣中　跟自己心對治

莫夢裡尋找有無名相

只這心是自心世界　不可見它彼此相待

了夢 / 264

可見是心　是法　是名相　是念緣

皆了然只有自己　造作心界

為我界　為法界　為世間　只有自心夢為

這世幻水月鏡花世界　為我生死幻處

是只有一心是自己　並無有別心

敬請悟自心地　歸元返自心

並無內外中　只這一念作用

一心　我而已　為幻化夢心

了卻心幻　無畏幻化　知幻生死

無憂喜　自然歸真　一心如如

無心可見　破有無　心無物為伴

莫與心彼此相對名相可稱念

無心無念　心自安

心安　生死無礙　為佛幻因

了心念作境緣　　勝過一切佛求
三界心生夢幻　　醒歸無得即真
心我眾生佛等　　平等了相無名
真見無有纖塵　　空有同際寂妙

智者轉心念　避世是非
愚者求得失　趨吉避凶

人生苦短對錯總是罪業

眷戀只不過如桃葉渡水的沈浮

追尋那虛幻不實繁華沿岸

縈繞在心田嚮往夢鄉

但終究獨憔悴　為凡人憂生病老死去

貧賤富貴一場空夢

恩愛情仇注記了糊塗帳

為來世因果罪源

若褪去了面具

所剩只有內心無知　難堪的自己

為何爭來苦惱　不如堪破虛浮

放開世情冷暖　尋找自己的生命之道

莫再踏上無奈地輪迴路

人心好心肝　自能知足安心
無求無憂無慮　利他

人心壞心肝　無能心安
無法知足　萬般計較　損人害己
愁思憂慮　心無片刻安寧

一念造作

十方法界　一心中

此心為佛幻因

幻化諸有情器

幻化一切名　為佛密意

故知心眼放去法界

無不是佛密意

我等自心　當是不可思議

能可思議　即汙染於佛密意

汙染法界　染著如來心地

實際並無諸相有異　可見差別

如來本心地　自真心常住不動

為一真法界

大地煙塵起

人間慈悲行

今心同佛心

消解共業因

方為菩薩道

"我"生命規章中

只有向著光明　迎接每一個緣起與緣滅

如水流般無常　漂逝在漩渦中的人事物

孤獨凡人心靈並不空虛

無怨無悔是自然教化

面對生死離別蛻變　方有力醒覺顛倒夢想

只捉一個觸動心靈的覺受　讓人難捨

但應明白　這是人生淬鍊

接受心痛事實　深療自心

每天自我面對自心

一次一次告誡自我　緣起　提起　提起

感動生命　熱活自我　緣滅　放下　放下

緣了本無失去　依然是自我

一切夢幻泡影　醒來該熟識　心放隨緣

接受一切因緣如浪流

依然把持心靈定海針

不畏幻境生死苦厄　無永恆相伴

一切是讓我更明白　內心恐懼是無益的

了夢 / 272

惟有坦然面對　心靈深處那份孤獨

轉化為駕乘無常的勇者　點燃不滅心燈

觀著心靈自在　面對未知的輪迴

心　活在當下　無物羈絆

自在活出自我　隨它風起塵揚

人間是最好的修練道場

生老病死是蛻變的力量　無苦可捨

淨明心靈妙藥　此處有洩脫之味

若欲修心先知放執

當從今生所知見障　了我見脫去

若能把所有見覺知識　傾出放下

從當下去體會　鬆放念頭

見明有是虛妄　無等是同有

兩者不立　一切諸相意脫

自然識體勾不出　因我而執生果

了名相打破聖凡無得　深信自性是佛

心放無用作功　自然歸元　空裡不空

相見本來面目　此時了然一片天真

我已知歸處

無用疑慮

於我所為一切事

"我"現生法界

法界即"我界"

遍滿身口意

為不可思議

如處虛空中湛然生妙

普覺一切

物我皆心處

離此之外　心外無物

無分別即是

物自無語　心我何念

三界心幻　幻生我處

我身心皆幻

彼此幻生一切　幻心幻法幻界

幻出諸有情眾　皆我的輪迴

了夢 / 278

過去　今等盡　未來際

眼前剎那

一心常住　無所變異

可變異　不名心實際

真心無價　自發心可貴

金錢無法撼動業力

因貪取功德想　不修身口意

受人吹噓　追逐價位　作大功德主

捨財如拿黃金拋海　為愚痴垢

即使傾家蕩產　實無法轉動業力分毫

無求真心感交天地解業

行慈悲喜捨　人間菩薩　為造福

是無貪求功德想　自發受用

當自明辨　方為智者

心性作用覺　是法性

法性如何分

本然這作用性

就只一個念頭上

實知心者　觀覺皆心念

有相無相皆心相　凡法即實相法

了心念處等覺　聖凡何別

趣聖捨凡　皆未知心所生伎倆

起心念想分別

所為自想是修心度眾生　作功德

實際等同

為貪求佛果　功德殊勝　造作心業

識趣所纏　墮落無明深坑

是自邪思惟　未見心實際　生分別想

為度眾生到彼岸　想蘊作用　離苦得樂

此處非佛境

如天花亂墜　同等魔說

人雖身處平凡　但心可以出俗

隨著那份真　真實活在　無受物情所繫

澹泊閒寧　知足常樂　自在放懷

花草葉香　菜根甜怡

月賞遊天際　水映風隨來去

無求自得　天地清寂

心平放寬　靜安勝思量

天地本寂寥

人寄世蒼蒼

來去何所歸

遠近只方才

自心合為息

如是明白

自心懂得離幻

息心、息念　自然歸道

若不觀自心地

即使佛在眼前

口說殊勝法　放光動地

與我也不相應

心外有相　已墮　著相迷性

若能返聞自性　天地古今一切

大地無不說法　無不殊勝

何待放光異相　方能自覺

萬法本自寧
惟人心不安
果實從心生
安心寂果寧

誦經 為是解通經理

但未通理之前

當不受幻意所遷流　為之感應

感心如鏡　見自心好壞對錯

應物照用　順逆皆感恩

無滯聖凡二邊　不著吉凶禍福得失

平實明辨　心念所幻

幻生虛明　不著幻意

自然虛通　無受拘束

為之感而遂通

了脫吉凶禍福　為感應

人皆迷惑在禍福之間　不知皆在一念所呈

皆因心性　無法掌握平衡

而失度心態　憂其生

擔心命運作弄　無以苦磨心志

在順逆中　營造欣厭　成就吉凶禍福

故知心境　成就了環境內因外果

自我迷惑　無以坦然自在平常

若在順不驕　能謙卑

在逆無憂　能柔忍

調適心境　勝過擔憂環境

貪順希求好　逆即生厭　嗔心不平

是自我作弄命運元凶禍首

命運最忌　是自覺調整心靈

屏除習性貪嗔　而至柔性忍和

駕乘了命運　掌握住它　隨心念轉運

/ 288

對任何事　當用客觀、謹慎的態度

用平等心來看待每一個事由

能將心比心　而不是用激情、盲目、熱衷

該用理性依據、明辨是非

來面對環境中的一切相處

方不掉入罪惡深淵！

法自無分別　能分別者是識

識自體性空　仗境緣生念有無

故而了知　皆因念想

若了念想分別

緣生無處　境心自無妄緣

分別念想平寂　了識空明

了夢 / 290

心性有如水月明輪

月為佛性　水為心境　念頭如手

起心念　如觸月輪碰水　即汙染佛性已深

不起心念　如離月輪水外　即離心佛已遠

佛明實際心地　如是觀覺

心幻法幻

幻何生滅

三界幻化

來去皆幻

越黑暗的地方
方突顯出
小燈火的珍貴與明亮
我感恩與尊敬

人的心性本自寧　其思量有無取捨

有是捉不住　無法可存留

剎那緣起即空　片片短暫　影生流轉

緣聚散合　念本是虛用　緣生無實是空

然空體性中　空而非空　有而非有

如是有無皆為念想境緣　生妄境相

故知心非有無　空有無法造作　本自俱足

若了取捨念　不涉有無　自足實性

愈虛愈實　愈實愈虛

有而無著有　無而常明覺

明能覺　覺用空　明空心體

自生其妙　為觀自在

心情牽引著一生
心若不自靜
何處無是非

我這無佛

來者非眾

法無欠餘

無得心寧

今末法佛魔難辨　皆因著相

佛心非有無　性相平等　如何見取分別

能見取分別　皆蘊想作用　著相為顛倒

了明見心見佛　可見處為幻生性

有相、無相是蘊想作用

不明心地而所生人我見處　為心病因

夢幻空花行

寄名弄人間

親疏何貴俗

撥尋一物無

了夢 / 298

遠近皆是心體作用為覺性

何處不是心　心又何分別境相

所到之處　是心所妙現　如何取捨

故無可名　無可念生　無可見

本然無處所　因一切是心幻

心幻如夢　醒來一無所有

只是心作用　皆是我　如水月鏡花

眾生與佛之差別

在了心、不了心　執心、不執心

皆幻化作用　只這心

並無淨垢、明暗、來去、增減、生滅、

得失、生死、涅槃

心本具足一切　但因妄念轉迷

十方一心體　若了取捨

心法等同　鬆放息念了見即是

非用心可造作學取見解

無作佛見　無作眾生見　無作諸見

即返本元清淨　識心無妄即真心體

若不了貪求　欲會心佛　如水中撈月

自作妄念　如何覓見本元　相見自心

自心性即佛　如何更得　無異頭上安頭

密心無名相　放下一切念慮見解

洞然至忘　納含十方

明空大無遮　菩提無得　諸法寂滅相

法界即我　我即法界

一心如如　實際無出入

一月水花影

沈浮在心海

彼岸無遠近

天地是吾家

命運是可以經營

業力並不可怕

可怕的是放不下罣礙

情緒失衡　心情波動

環境是自己的舞台

每一場都精彩　當用生命感動

演好、演不好　盡心力就好

來了　感恩眼前這一刻人事物

過了　感謝隨緣放它瀟灑自在

不用掌聲　不用喝采

沒有誰是無法不被取代的

任何人都有上場的那一刻

當然也要懂得有退場的那瞬間

是欣喜、悲哀、歡愉、落寞

孤單、熱鬧　都得面對心情去承受

怎麼來的　就怎麼走

人生不就戲一場

太過認真　你就輸了

了夢 / 302

不認真　你也是輸了

輸給了自己的心情　當笑看人生

每個人都是自己的最佳男、女主角

世間法即佛法　生活即修行

所到無不心處　隨時都是靈性感受

體會心境　物我何別　彼此何分

千古一月心　圓缺月依明

來者是誰

是業緣　是眾生　是佛　是心影

千萬年也只一念中　萬般伎倆　一心處

落在心動　罪性已生

皆自心生念有無名相

誰作弄心影　生彼此見

世相光影　並無淨垢、高低、強弱、聖凡

如空花

每一個緣起　幻業緣生皆道場

自心性作用

懂心的人　惟活在眼前

不涉憎愛、取捨、得失

離開眼前的人事物　皆如隨風塵飛散

清楚心地　傾聽萬有緣現

了夢 / 304

戲看人間　只是過客隨緣

容易在放下　了悟夢中客　養拙息念

天地無爭　放下情緒自閒寧

困難在不自覺　分別彼此捉夢想

所謂供養　分為內供與外供

內供　為身口意奉誠　現生意無染著
了境緣相貌　無可名相
為意無所見想分別
無漏心念　念了作
無念、無持、無攝、無盈虧
身自隨意　了脫諸累　四大非四大
無可持身相　為憂患憎愛
口意善了念想　無可言有無是非
柔和無諍
如是內供養　足滿法界一切供養無缺

外供　見眾、見佛、見心
喜捨財寶如捨煩惱
隨緣歡喜　無作功德想　無念想彼此
能捨慳貪欲根　降伏顛倒吝嗇
了歷劫貪罪垢

獻財寶供養　隨喜方便施無畏

為真心供養　人天法喜無量

無見財寶、無見誰取誰捨　故無著功德想

如是內外等同　無作思量分別

滿法界清淨

常行無住相供養　德滿三千大千界

不可思議

佛法是引導你　如何認識自己

不被情緒作弄　不被心所瞞

把自己的心性弄懂

並非要得到什麼

看清楚因果的現象

凡事皆自我態度

修行是多回頭看自己行為

該爭　是爭平安健康

該理解　是看清自我

待人接物付出了什麼

對環境要求了什麼

心情就如同一朵花

醞釀什麼氣息　散發什麼風味

就吸引到什麼樣的動物與昆蟲類

是人　是蝴蝶　是蒼蠅　是螞蟻

是鳥　是蜜蜂　是瓢蟲

什麼樣的心情　感召怎樣的因果

當如是觀　如何活出自在

看自己的態度　與安什麼心眼

環境是不會說謊

該照顧好自己的心情

該平衡自己的心態

情緒是癥結點

順逆皆灌溉自我成長

面對人事物當敬畏與感恩

掌握心境　可以從容在環境

了脫因果業力的循環

為是修行解脫幻業

若有人誦念經咒

無事心時　專注不亂

如水無漏　滴滴功德

滿足一切所需

若有人受苦厄災難之時

依然如無事心時

放鬆心意靜柔　一心不亂誦念經咒

若能如是實已非人

十方諸佛加被無量福慧

成就無邊心意　感通法界

因果不昧　如是因　如是果

即使佛用神通也無法滅定業

當心了悟因果

明白自我心道

是業識作祟在我執

一切障礙非障礙

是讓人心了悟自返根元

了脫我所造業果苦厄

故知若有人面對因果

從自心發心能真誠

隨即可轉業滅息定數　果報是可以轉化

了脫幻因業果苦厄

人空　我空　法空　心空　罪性空

菩薩畏因　眾生畏果

禍福無常　是心所感念善惡因緣

而召禍福

了我所執　轉善惡因是了卻罪業

並不是播下更深紅塵業因

因在方才之間　果熟現今所遇

福中有禍　禍中有福

好不見是好　壞不見是壞

皆是在心念所執見　為因果輪迴

若明白禍福　是貪念所成因

該放卻馳求心　用真誠的我　逆來順受

當悟　其心執六趣

幻生無休無止　方為了塵緣

活在隨緣　天地之間　何處不清涼

心忘卻塵緣　六根無處　方不被情物所繫

何謂塵緣　眼所見而生

心動情愫感染心境

紅塵心動了　緣生貪念希求心

交織喜怒哀樂

世間如夢　夢裡的纏綿　親情、愛情

愛與恨如同光影　同一處作用

皆是這心受到矇蔽的殘念

現生這世幻的結果　為前世的顛倒

不用懷疑　是我執所念造就愛恨

愛你的越深　或你愛他的越深

皆是前世相殘最深刻的人

這世才有如此這般深刻的感動

愛恨交織　輪迴如此

人生的路在心情上

怎樣的態度　就有怎樣的人生

顯者必招嫉妒　隱者閒寧安性

顯道非口自誇　隱道修身心行

顯善已非是善　隱善默行陰騭

顯見明自見淺　隱見明如空谷

把心鑲在因果法杖上
並有無常在旁鞭策
再荊棘與黑暗的道路
也能輕易走過

了夢 / 316

親情、感情　是火宅中焊煉丹靈的元素
由宿世佛來解度　我的恩愛情仇業種
只能默默給予　用祝福的心來看待
無欠不相遇　要自捨那分貪愛執著
別要求順我
而要無求中　能逆來順受無求給予
才是真心

夢幻世間

最迷茫與難行的道路

是心路

了夢 / 318

若欲人生如意　先安自心　靜柔忍

有捨有得　所遇無害

情緒平衡　淡然平常

若欲出輪迴　先明因果

因是念處　明了念趣　無繫妄緣

貪瞋痴　無馳求心　無漏念想

三心空明　果轉業脫

若欲知佛　眼前即是

隨感所覺　皆為佛慧

見心無異　即佛見

了卻心所見　無可思議

三世如空響　了幻為夢中佛事

心若有若無　為妄緣

心等是空

若了妄緣　離有離無

心等無上具足寶藏

人心的困惑

皆困惑在因果之間

難以接受眼前苦果

不知在清償歷劫宿債

絕心的人　黯淡無光

絕掉了人身　斷滅世界

永墮在無情業果中

永難再有人身

解脫的希望　靈體的蛻變

銷毀在自己的一念之間

我的佛法心密意

全世界皆佛　來教導我

只有我凡夫　放下一切我見

凡夫中無可語　皆自己因果

有何可論生長短高低

有靈魂的人

不會在意他人的欣賞與否

禍福皆是因果

是心所作業現生

如是觀覺　禍福為是心業力

又有什麼可希求乎

有欣厭趣向　即墮業臼

"你把我當空氣"

是一句非常殊勝法語

只這紅塵深處

才有如此讓人悸動美妙語句

好像在告訴我

唯有每分秒不相離　才可以活命

撼動了我心　好好將它供在心裡

我的宿世佛

性為佛　相為眾生

和合為心　念念為妙用

執念著相為我見

若明此通達一切諸佛意

眾生著相　一切可稱名為相

故知有彼此對待　迷見著相

古今無著相佛

心外無佛　自性本元　故無來返

無佛處　行諸佛路

若知反求諸己　回心轉意

眾生心可了　無聖可貪取　人人皆古佛

雖在凡身　心已出塵外

光滿十方　通明無礙

觀自在

眾生相可了

佛相卻難放

修心大病因

明性相本一

何人不成就

見心是幻王
幻化實無性
世間法如幻
幻自涅槃道

生命中最重要的一件事

隨時省思、勇於向善、知錯必改

亦是最可貴的情操

天地皆會讚嘆

生命　為死亡前熱身　為蛻變作資糧

若生是苦趣　身後質量放大　更煎熬

無身識幻顛倒想　恐怖至極為地獄

若生處樂緣　身後心靈輕鬆　隨心自在

樂脫身質性　無生憂患之苦處

世相雖緣於身心幻處

然未悟脫人我執情量

計較分別彼我是非　還有聖凡淨穢

這念即是分別

為生死垢心　自性情執我見

修行不是口號　不是想像作用

而是用生命了卻蘊想作用

了我所　洩脫情量

明了分別心　淡了差別相　自心出塵

若有聖凡欣厭心態

皆為念想生死作用　並非修行

了夢 / 330

世相光影

古今來去

誰非過客

自心無留

世相光影　　緣聚散合

今日相遇　　何不珍惜

榮辱不計　　任它風塵

夢醒無事　　笑看人間

不要活得心累　勿計較

只能這樣　多作給予者

自己看待自己　別比較

學習自己　努力心放　莫多求

把自心栓在無語處

面對前因後果

我只這個心的　塵影映現

輪迴在光中　為今所明覺

ༀ་མ་ཎི་པདྨེ་ཧཱུྃ༔

國家圖書館出版品預行編目資料

了夢／日輪金剛上師著. --初版.--臺中市：白象
文化事業有限公司，2022.7
　　面；　公分
ISBN 978-626-7018-19-4（平裝）

224.513　　　　　　　　　　110011363

了夢

作　　者　日輪金剛上師
封面插畫　形草
發 行 人　張輝潭
出版發行　白象文化事業有限公司
　　　　　412台中市大里區科技路1號8樓之2（台中軟體園區）
　　　　　出版專線：（04）2496-5995　　傳眞：（04）2496-9901
　　　　　401台中市東區和平街228巷44號（經銷部）
　　　　　購書專線：（04）2220-8589　　傳眞：（04）2220-8505
專案主編　水邊
出版編印　林榮威、陳逸儒、黃麗穎、水邊、陳婔婷、李婕
設計創意　張禮南、何佳諠
經銷推廣　李莉吟、莊博亞、劉育姍、林政泓
經紀企劃　張輝潭、徐錦淳、廖書湘
行銷宣傳　黃姿虹、沈若瑜
營運管理　林金郎、曾千熏
印　　刷　基盛印刷工場
初版一刷　2022年7月
定　　價　350元

白象文化　印書小舖　PressStore　出版・經銷・宣傳・設計
www.ElephantWhite.com.tw　f 自費出版的領導者　購書 白象文化生活館